AF390264

RUES & VISAGES

DE

BERLIN

RUES & VISAGES

DE

BERLIN

Texte inédit de JEAN GIRAUDOUX

Eaux-Fortes et Dessins de CHAS-LABORDE

LES ÉDITIONS DE LA ROSERAIE
57bis, Boulevard Rochechouart — PARIS
1930

BERLIN n'est plus la capitale de la Prusse. Elle a passé ce rôle à Postdam Berlin est la capitale de l'Allemagne.

L'Allemagne est un empire qui comptait voilà douze ans encore une cinquantaine d'états et une cinquantaine de capitales. Chaque capitale, dans ses mœurs, ses monuments, ses projets même, était le dépôt vivant d'un passé, l'aboutissement, plus ou moins heureux, d'une civilisation spéciale. Les cinquante passés de l'Allemagne concouraient tous, chacun dans son uniforme, à cette réussite tardive qu'était l'Allemagne impériale. Enfin, vers 1910, le Moyen Age réalisait, au centre de l'Europe, sa seule construction réussie. Dans une Allemagne qui, pour la première fois depuis les origines, pouvait vivre cinquante ans sans être un champ de pillage et de bataille pour allemands ou invités, la Hanse domina enfin les mers, les corporations régirent le commerce et l'industrie universels, et l'Empereur le Monde. Aux moindres jours de fête, on voyait à peine l'Allemagne de 1900 sous les mêmes oriflammes et drapeaux qui ne flottaient jadis que sur les couronnements d'Othon ou de Frédéric. Si ce magnifique édifice s'effondra, c'est que ceux qui étaient chargés de le défendre en étaient justement les architectes les moins modernes et qu'au lieu de faire la guerre à une coalition démocratique, l'Etat Major

1

allemand la fit à Louis XIV, à Elisabeth, où à la Marine hollandaise. Turenne fut peut-être vaincu à Charleroi, Ruyters au Skagerak, mais la stratégie impériale s'égara dans ces luttes avec de grands généraux et de grands amiraux déjà tués depuis des siècles. Une odeur insupportable d'anachronisme empesta un jour l'Allemagne; la Victoire qu'on lui présentait, elle-même, avait un visage tellement périmé et conventionnel de Victoire que ses attraits en étaient émoussés. Quand un champion du monde a soudain le sentiment, au milieu même du match décisif, qu'il retarde, que l'agriculture, le cinéma, la lecture ont plus d'intérêt que la boxe, que les coups que l'on reçoit font mal, que ceux que l'on donne partent de l'épaule et non de l'âme, la fin du combat est proche.

Ce jour vint bientôt, et l'on sait comment, après de tristes expériences, le peuple allemand se confia enfin, à défaut de grand homme, à quelques grandes villes. Il essaya la plupart de ses anciennes capitales, toujours déçu, car ni Weimar, ni Francfort, ni Munich ne purent tirer de leur passé épuisé le moindre enseignement ou le moindre excitant. Pas une seule qui se révélât être autre chose qu'un monument déjà tout fait aux morts, à l'Empire mort, à l'Allemand mort. Une seule ville subsistait que n'occupaient ni les ennemis, ni les spectres, habitants plus détestés encore, car ils sont encore moins profitables au commerce. Par bonheur, c'était la plus grande, la plus riche, la mieux située : Berlin.

*
* *

Rarement les grandes villes ont travaillé de connivence avec les grands hommes. Il y a toujours eu entre la capitale déjà existante et le souverain de génie une concurrence qu'ils n'ont pu tous deux supporter que péniblement. Ils se sont

2

tirés généralement de ce problème en faisant lit à part : Philippe, Louis et Frédéric ne voulurent coucher qu'à l'Escurial, à Versailles ou à Postdam. Quelquefois aussi, dans un désir de libération plus complète, le roi et la reine construisirent eux-mêmes leur ville, Pierre le Grand ou Sémiramis. C'est sans doute que leurs missions sont différentes, et souvent incompatibles ; celle de la ville étant une mission sociale, celle du souverain une mission d'état. Si la situation n'était pas fausse entre Berlin et Guillaume II c'est que Guillaume II était médiocre, et surtout que Berlin était jeune. La réputation de Berlin, parmi ses sœurs allemandes, était beaucoup moins

celle de la ville im-
les touristes, que
pole à peine adulte
consciente. Les
geaient pas qu'elle
dignité.
tion mêlée, — on
les berlinois vien-
—modifiée chaque
sionomie et ses
tozoaire par l'immi-
nant aux israëlites
plaisirs et la con-
rale, il semblait que
giène générale du
ville était ainsi iso-
Brandebourg et
Toutes ses qualités
toires ; elle était
ment à la fois par
les Hohenzollern ;
plus peuplée et

périale décrite par
celle d'une métro-
et fortement in-
autres villes ne ju-
méritât sa suprême
D'une popula-
dit encore que tous
nent de Breslau,
année dans sa phy-
contours de pro-
gration, abandon-
la direction de ses
fection de sa mo-
ce fût pour l'hy-
Reich que cette
lée au milieu du
des forêts de pins.
étaient contradic-
occupée militaire-
les socialistes et
elle était la ville la
celle où il y avait

le moins de naissances ; elle était le refuge de la bourgeoisie intransigeante, et la première place lui revenait aussi dans le monde pour les crimes, stupres et suicides. La fin de la guerre arriva. Certains peuples vaincus aiment se donner à cette ivresse de la défaite qui dépasse en acuité tout autre genre de passion et de liberté. L'Allemand se refusa ces joies pures. Il préféra se suicider provisoirement, couper provisoirement sa tête, renoncer provisoirement à la plupart des facultés dont il était depuis trente ans si fier. Dès lors avec entêtement il déclina son droit de dire un mot dans les occupations politiques, financières, ou morales, jusqu'au jour où il croirait son âme d'allemand à nouveau valable et sa tête repoussée. Il

3

confia à des spécialistes, à des syndics de faillite, qui n'engageaient pas sa responsabilité, le soin des traités de paix ou des accords de Bourse. Il se creva les yeux,
ces yeux qui avaient vu la victoire et la domination. Il rendit insensibles ces papilles
qu'avait délectées la plus grande saveur, celle du triomphe d'une race. Tous ces
sens de gloire qu'il avait uniquement nourris pendant dix lustres, il les aveugla ou
les mura. Mais il lui restait à trouver les nouveaux sens de sa nouvelle existence.
Il préféra s'en remettre, pour cela aussi, aux spécialistes, au spécialiste de l'inconscience, de l'irresponsabilité, à Berlin. Peut-être Berlin saurait-il trouver, mieux
que la nation défaillante, les raisons et les lois d'un nouvel état de choses provisoire,
et c'est ainsi que toute l'Allemagne fut suspendue pour un temps, non plus à la
volonté d'un chancelier ou d'un prince, mais à la vie instinctive d'une cité.

*
* *

Pas de passé. Berlin est plat. On a vainement essayé d'accumuler l'histoire
sur cette plaine. Les colonnes de la Victoire, les monuments aux généraux n'ont
l'air que de presse-papiers sur une feuille d'ailleurs depuis longtemps envolée. Pas
de différence d'altitude entre les lits et les cabinets de travail d'aucun berlinois. La
même fuite de gaz décimerait la ville. Si j'excepte le Kreuzberg, qui forme à l'Est
une montagne d'une dizaine de mètres, Berlin ne compte ni descente, ni montée,
et, au lieu de l'apercevoir dans son ensemble d'un sommet sacré, comme Paris ou
Rome, le voyageur ne peut la contempler que des jardins terrasses des hôtels ou
du restaurant de la tour métallique, que d'un établissement de plaisir et en musique.
Toutes ces nappes de mystique ou d'émotion qui s'accumulent, à défaut de pétrole,
dans les cités à replis et à pentes, Berlin en est terriblement privé! Il n'a pas de lieu

4

saint. Il faut aller chercher jusqu'aux premières collines du petit Wannsee, à quinze kilomètres, le premier coin de terre sanctifié, le bois de sapin où Kleist se tua avec un fusil de chasse. Les traces de la reine Louise, si nettes dès que l'on arrive à la Pfaueninsel, n'ont marqué ni dans les rues ni dans les palais. Celles d'Hoffmann ne se retrouvent qu'au-dessous ou au dessus de ce parfait niveau, dans les caves d'un restaurant ou dans un grenier, et rien n'y trahit non plus que c'est la ville où Jules Laforgue vécut le plus long paragraphe de sa courte vie. L'aventure, dans l'air sec de Berlin, se dilue aussitôt, au lieu de se condenser et de s'éterniser en épisode. Rien ne semble y rester de l'aventure même de Guillaume II. Aucun nom de rue n'a changé, aucune statue impériale n'a perdu une lettre ou un doigt, l'allée des Kurfürsten victo-rieux subsiste dans le même marbre éternellement blanc qui nous fut fourni aussi pour l'escalier de notre Palais de Justice, mais alors que dans Versailles ou dans Neu-schwannstein il n'est pas un salon, un coin de jardin, un seul arbre qui ne paraisse attendre Louis XIV ou Louis II, et que le retour de ces fantômes reste la loi et le sens des palais, pas un seul signe qui soit fait, par les monuments qu'il éleva lui-même, à l'empereur vivant. On a l'impression que la vraie raison de ce séjour forcené qu'il fit quarante ans à Berlin était sa future absence. Elle est complète. De cette ville militaire que décrit justement Laforgue, rien ne demeure; ni l'aspect, ni le silence, ni le bruit. Le schutzmann grand, maigre, souriant, agitant constamment ses bras de gestes dégingandés, semble l'épouvantail chargé de mettre en fuite tous les uniformes. Sur ces trottoirs où l'on n'entendait jadis, en fermant les yeux, que le bruit du sabre contre le macadam, et aussi celui de son propre cœur, légèrement pris d'angoisse, tous les passants appuient maintenant d'un poids qu'ils n'essayent pas d'accentuer, d'une démarche que ne raidit pas, tous les cinq mètres, la rencontre avec les hommes les plus droits et les plus raides qu'avait produits l'humanité. L'horaire de la ville entière n'est plus dicté par les allées et venues de celui qui sortait plus régulièrement et plus impitoyablement de son palais que les personnages de bois

5

des horloges, dans les capitales du Sud. La faim, la soif, les repas, ne sont plus
des soifs impériales, des repas impériaux. La promenade Unter den Linden, tendue
en chemin de table entre les objets de surtout que sont les palais du Kaiser Franz
Joseph platz et le Brandeburger Tor, a trouvé enfin son sens, qui n'était pas d'offrir
deux fois par jour son sable jaune aux sabots du cheval impérial, mais de favoriser
la vente des journaux du soir, des lacets, et des boîtes d'allumettes, sans parler
d'une concurrence plus directe à la Tauentzienstrasse. Si rares sont les uniformes
que le passage d'une escouade de la Reichswehr, élégante, sobre, et convaincue,
nous laisse le même sentiment que celui d'une espèce particulière de pompiers et
que la guerre vous apparaît soudain pour la première fois comme un mal civil, un
mal républicain. Les marins, qui prirent la garde à la Présidence le jour anniver-
saire de la destruction de la flotte par ses chefs, ont aussi, comme tous les matelots,
un costume presque international, et les partisans de la bannière d'Empire qui

circulent les jours de
pavoisés ont l'air de
momentanément privés
la jeune République.
prétendre qu'il ne se
sants, aux portes de
Tiergarten, devant les
des vides incolores :
des temps meilleurs aux
garde ; mais ces imagi-
aussitôt, et l'on doit
couleur est aujourd'hui
aux points sacrés des
uniformes d'officiers,
kiosques, par les fleurs.
cien, les meilleures vo-
une ville ancienne. La
mot Berlin reste mys-
qu'elle le soit, car tous
mands de philologie,
ont tenté vainement d'y
ou wende. Il est déses-
l'unique problème que
n'ait pas encore résolu
la ville porte dans ses
teaux d'été, Bellevue

fête dans leurs autocars
grands boys scouts,
de leur petite pupille,
Ce serait mentir que
forme pas entre les pas-
passages, à l'orée du
glaces des magasins,
les places réservées en
officiers géants de la
nations sont dissoutes
bien constater que la
donnée aux squares et
rues non plus par les
mais, débordantes des
Du passé plus an-
lontés n'ont pu faire
signification même du
térieuse, et il faut
les séminaires alle-
selon leur spécialité,
chercher un noyau latin
pérant de penser que
la philologie allemande
soit celui-là. L'ours que
armes, la paire de châ-
et Montbijou, perdus

dans le parc ou le quartier de la Bourse,
l'auberge de la Noix, et les quelques rues
sans grand caractère de l'officiel Vieux Berlin
(« Vieux Berlin », est d'ailleurs la plus récente
appellation de ce quartier), ne peuvent offrir
le moindre contre poids à la ville neuve, pas
plus que les mœurs et les habitudes des vieux
berlinois ne pouvaient influer sur les élans de
la masse sans passé à laquelle l'Allemagne
confiait avec quelque mépris le soin, puisque
sa vie raisonnable et nationale était pour quelque
temps éteinte, d'assurer sa vie instinctive.

Ajoutons que cette masse sans passé,
au début de 1926, comprenait déjà quatre millions six cent mille berlinois, et
que ce chiffre a augmenté d'un million à peu près. C'est la plus grande cohorte
d'hommes qui se soit, un beau jour et en une minute, trouvée libérée de la politique, de la guerre, et des habitudes, devant le seul problème de la vie.

*
* *

Elle n'eut pas recours, seulement, comme on l'a dit, aux plaisirs.

Il ne faut pas connaître la nuit de
Madrid ou de Lisbonne, pour parler des
plaisirs nocturnes berlinois. Alors qu'en Espagne
la vie dans la nuit est la vie dans un autre
corps, dans une autre logique, selon d'autres
règles du bonheur ou de la gravitation, et que
la nuit même, ombre ou reflet, est la dose la
plus nécessaire du mélange, la noce berlinoise
est aussi diurne par essence que la maison de
passe ou le beuglant. Pendant l'été d'ailleurs,
la nuit touche à peine Berlin, ville du nord.
La nuit espagnole vous concentre et vous
élève dans votre propre sexe. La nuit berlinoise vous dilue, vous noie, vous abaisse :
c'est simplement la noce. Tous les bars, aujour-
d'hui un peu délaissés de Charlottenbourg

7

et de Wilmersdorf, sont comme les bars à la mode des autres capitales, les derniers
salons, et le snobisme y règne plus encore que le vice. Ils sont pliens, comme à Paris ou à
New-York, d'hôtes et de visiteurs qui tiennent surtout à être appelés par leur nom par
des habitués de club. Le soin même avec lequel chaque établissement spécialise sa
vertu, masculine ou féminine, laisse quelque doute sur sa franchise. « Silhouette »,
« Casanova », et autres boîtes, contiennent peut-être des exemplaires intéressants
de la faune berlinoise, mais c'est un jardin zoologique au milieu de la jungle même.
Que sont les quelques adolescents vêtus en femmes du Kurfürstendamm à côté des
cinquante mille hommes qui tiennent de la police berlinoise, par cartes, le droit
d'exercer leur métier de prostituées, et que l'on coudoie sous leurs robes et leurs
petits chapeaux à la mode, sans soupçonner leur sexe, dans tous les grands magasins,
où les attirent maroquinerie et lingerie? Bal des couples non richtig, bal des femmes
sœurs, c'est le genre de spectacle, accentué à l'allemande, que toute capitale offre
aux membres des commissions internationales de désarmement et aux voyageurs de
marque. Il n'a même pas l'intérêt de cette mode, déjà périmée, des danseuses nues,
qui amenait voilà six ans sur chaque estrade des thés-tangos, à cinq heures de
l'après-midi, l'élite, sans costume, des dactylographes et des demoiselles de magasin.
Les allemands n'ont jamais rapproché, et moins que tout autre peuple, la notion de
joie et la notion de prostitution. La joie berlinoise c'est celle de la foule, quand
elle mange son gepokeltes Fleisch et ses Eisbeine non fumés dans le Haus Vater-
land, dont chaque salon donne sur le panorama d'une province germanique, sur le
Tyrol où de vrais tyroliens visent un chamois réduit, sur la plaine du Rhin où
éclate un vrai orage, avec le vin spécial à chacune des variétés de ces tendresses
nationales. La noce allemande c'est celle des employés de commerce et des petits
banquiers chez Rési, dont chaque table possède un téléphone et un tube pneuma-
tique qui lui permet d'appeler par une lettre où à la voix les femmes des autres tables,

généralement avec des considérations sévères pour l'homme qui les accompagne, ou
d'entretenir, sans se dévoiler, mais de toute son âme, un débat passionné avec une
âme sœur du fond de la salle, jeune fille à chaperon rouge cerclé de mica, dont la
famille respecte pudiquement le don soudain et total à un inconnu. Il y est doux
aussi de téléphoner à vos voisines directes, sans même les regarder, en recevant

leur voix même de l'oreille gauche, et leur voix de téléphone de l'oreille droite,
Elles résistent mal à cet homme qui parle, non à elles, mais à leur symbole et à
leur statue, et à ce duo qui vient de la même bouche. C'est dans ces salles, et dans
les bals populaires, et dans les concerts champêtres du soir, et dans les concerts de
cinq heures et demie du matin qui amènent à Luna Park et au Zoo une humanité
sensible à l'aurore, que se retrouve vraiment la trame des sentiments de cette ville,
que l'abandon berlinois, la demi tristesse et la double gaieté berlinoises, la demi
hardiesse et la demi timidité, colorent chaque femme comme une projection qui
parfois l'entoure d'une marge, ou parfois au contraire lui laisse une bordure de
peau fraîche, et que les grandes individualités citadines, schutzmann, homme au
cigare, souteneur à sourcils noirs joints par un raccord de sourcils blonds, se
précisent dans leur omnipotence ; — surtout lorsque chacun, comme l'autre jour, doit
porter successivement au vestiaire, d'un air réprobateur, la même femme étourdie

9

de vin et de volupté entre ses bras. Quant à ce composé de misère, de drogue, d'esclavage et de suprême liberté qui est l'élixir d'une métropole, c'est tout à l'opposé de Wilmersdorf, c'est au delà de l'Alexanderplatz qu'il se vend, dans la suite des bars que commande le Mexico. De même que notre préfet de police laisse ouverts toute la nuit un certain nombre de cafés

sur les routes qui mènent aux Halles, dans ce quartier de Berlin où rien ne se rassemble et rien ne se vend, les établissements tolérés jalonnent un itinéraire de Halles humaines digne de toute misère. Pas d'ersatz dans cette catégorie. Pas d'apparat, je parle de l'apparat d'ignominie ou de malpropreté dont s'enorgueillissent les quartiers analogues des autre villes. L'Allemand déchu ne semble pas avoir besoin de décor pour sa déchéance : il est soigneusement tenu, son maintien est

correct, sa chemise et ses vêtements propres. Il n'a pas l'air, comme chez nous, d'être terriblement occupé par un vice, mais d'être terriblement libre des soucis et des liens où s'empêtrent les autres hommes. Le latin, dans le pire vice, a un passé et un avenir de vice; il y a une gradation dans sa révolte ou sa découverte. Il fait un pécule de vice, il a un bas de laine de vanités et d'orgueils invertis. Il y prend des grades. L'Allemand est au contraire, dès qu'il l'a quittée, soustrait de façon absolue à cette gravitation sentimentale qui manœuvre encore chez nous ou en Angleterre, les maréchaux de la liberté. Quand un de ces Allemands corrects qui pullulent entre la Frieden et la Kaiserstrasse répond à celui qui lui demande ce qu'il fait : qu'il est libre, cela ne veut pas dire qu'il est libre pour une promenade d'une heure, ou pour la nuit, ou pour boire sa bière, ou pour faire sa piqûre, mais qu'il est libre pour demain, et pour la vie entière, et pour être riche et pour être pauvre, pour être assassin ou bourgeois, mâle ou femelle. Chaque visiteur arrive en créateur dans ces limbes où, dans une éton-

nante tranquillité de bureau de placement, patientent les larves les plus détachées de l'humanité qu'on puisse obtenir sans le secours de l'opium et de l'imagination. L'homosexualité n'a rien à voir dans ce néant et dans cet hermaphroditisme, car l'homosexualité, mais je prouverai cela une autre fois, n'est d'habitude en Allemagne qu'un produit de la Gémüthlichkeit elle-même, et le

contraire d'une perversion... Qu'y a-t-il donc de neuf et d'instructif dans Berlin, puisque les plaisirs nous échappent?

Nota. Jules Laforgue décrivait ainsi les plaisirs de Berlin, dans l'hiver 1882 :

« Berlin, qui est encore une petite ville avec un centre unique et une société « fonctionnant régulièrement, a quatre bals fixes par hiver : le Subscriptionsball, —

« bal de l'Opéra — où se montre la cour; le Cavalier- « ball, dans les salles du Kaiserhof, — disons l'hôtel « Continental, — où se retrouvent deux fois par « an « les cercles les plus exclusifs de la capitale, les « messieurs et les dames de la plus haute noblesse » ; « le bal de la Presse dans le jardin vitré du Central- « hôtel et le bal des Artistes Dramatiques ».

*
* *

*
* *

Il y a d'abord ce qui suffisait complètement au premier couple, comme bon- heur suprême : les jardins. Berlin n'est pas une ville de jardins, c'est un jardin. Tous les descen- dants du couple primitif ne sont pas édéniques: Berlin compte 272.900 infirmes de paix, 63.000 infirmes de guerre, 115.000 enfants mal nés, 600.000 chômeurs au moins, mais c'est un jardin.

En France, la présence d'un Français habituel, — je ne parle même pas d'un Français architecte ou entrepreneur — déshonore un paysage qui est naturellement beau et prêt à accepter, comme il l'a prouvé, toutes les beautés artificielles. En Allemagne, la présence de l'homme, sa maison, embellit un affreux paysage. Il n'est pas d'invention moderne dont le nom, en France, — gare, tramway, garage, usine électrique — n'éveille l'idée de quartiers souillés, prostitués à jamais; les mots gaz, vapeur, électricité, s'allient au contraire en Allemagne avec les mots qu'on n'emploie chez nous que pour les parcs et les jardins. Il n'est pas une station, une façade de dépôts de marchandises, une imprimerie de journaux, qu'on n'ait la possibilité d'y photographier avec, au premier plan, des arbres et des fleurs. Pas une ville ne possède plus de tramways que Berlin, mais ils roulent entre des arbres et sur du gazon. Tout départ de Paris, toute arrivée à Paris, serre le cœur. Impossible d'atteindre ou de quitter la cité dite du luxe sans traverser une épouvantable zone de misère, la cité des arts sans que tout ce qu'une municipalité irresponsable peut amasser en mauvais goût, en petitesse de conception et en bassesse d'exécution n'accable vos yeux pendant des lieues, la cité de la liberté sans avoir à contempler, du dernier champ de blé de la Brie au Louvre, sans aucune rafraîchissante interruption, les preuves du déterminisme le plus hideux et le plus humiliant pour l'homme qu'une interprétation erronée de la vie moderne ait pu créer. Le mot

banlieue qui est le mot le plus prometteur et le plus allègrement riche de la langue allemande, est, dans la nôtre, le terme le plus terrible des vocabulaires de laideur et de deuils. Berlin était vaincu, ruiné, sans passé d'urbanisme, au milieu d'une lande et de marais. Paris était riche, victorieux; pas un des dessins réalisés en lui par nos rois, ou nos empereurs, qui ne peut se continuer et s'enrichir à travers une province bordée de châteaux et de parcs. Dans le premier, une rivière noire, un chenal.

Dans le second un beau
méandres, des pentes.
pure qui est la loi de
l'individu comme pour
presque accomplie pour
Flaubert ou de Maupas-
jourd'hui de ces merveil-
man's land, mais surpeu-
monuments de l'avenir,
hôpitaux, sont des bara-
chauves, sans reflets, sans
boue, dont les îles n'éveil-
crassiers, le droit conféré

fleuve semé d'îles, de
Cette marche vers l'eau
toute civilisation pour
l'Etat, elle était déjà
le parisien du temps de
sant. Que reste-t-il au-
leux avantages ? Un *no*
plé, où tous les beaux
écoles, bibliothèques,
ques, un fleuve aux rives
cils, dont l'eau n'est que
lent plus que l'idée de
aux édiles, parce qu'ils

accumulent soins et tendresse sur le bégonia des Tuileries, ou le fuchsia du Luxembourg, de faire à dix lieues à la ronde une chasse organisée à tout ce qui est arbre, végétal et de combler de ciment armé chacun des cubes d'air encore pur qui devraient être classés avant tout monument historique. Paris n'est plus qu'une sorte de piège, de masse, dont ne peut sortir qu'avec des ruses celui qui a cédé à ses

13

appats, ou la plus belle démonstration de congestion humaine. Pas un de ses
organes futurs qui ne soit voué déjà à l'atrophie. Personne n'a voulu y comprendre
que la ville future, ce n'était ni le Carrousel, ni l'Arc de Triomphe, mais Issy-les-
Moulineaux, Asnières ou Pantin, et que le sort de Paris dépendait du sort, de

l'aisance, ou du bonheur, des habitudes ou de la vie instinctive, de chaque habitant
de ces faubourgs. Le surplus de ses habitants, Paris le rejette autour de lui comme
le surplus de ses déchets, dans des champs d'épandage, ou s'accentue sous toutes
ses formes la condition d'esclavage de l'ouvrier et de l'employé. Les seuls espaces
libres prévus y sont les cimetières, dont la superficie dépasse presque dans Paris
même la superficie des jardins. Honneur à la ville qui prévoit plus d'oxygène pour
ses morts que pour ses enfants!

Sur une plaine plus plate qu'un miroir et à laquelle le reflet direct des
saisons peut seul prêter du charme, Berlin, au contraire, mord d'une mâchoire de

platine. Le dernier
pomme de terre bran-
sans intervalle à la cité
et la plus élégante, aux
géraniums. Les murs
tadelles aux murs co-
logement ouvrier com-
son téléphone, et que
vante les nouvelles
de villas n'emprison-
les pins, et les oiseaux
ce modelage de la Pa-
vaincue ne peut plus
remplacé, en attendant
de sa maison. Toutes
tecture et de décor ur-
rieux osait seul autre-
les offre, par la victoire
lui-même en se dé-
cratique et urbaine, son
Une cohorte d'archi-
Behrens, Erick Men-

champ de seigle ou de
debourgeois touche
modèle la plus hardie
rhododendrons et aux
de Berlin sont ces ci-
lorés, où le moindre
porte ses baignoires,
doubleront l'année sui-
courtines de cités ou
nant que les peupliers,
pris au passage. Tout
trie qu'une génération
se permettre, elle l'a
mieux, par le modelage
les débauches d'archi-
bain qu'un roi victo-
fois, ce pays vaincu se
qu'il a remportée sur
vouant à sa vie démo-
seul avenir aujourd'hui.
tectes de talent, Peter
delsohn, Hans Poelzig,

Max Taut ont trouvé au cœur de Berlin ce que nos architectes n'ont trouvé qu'au
Maroc dans le sable ou la brousse : l'espace, la tenue, la liberté. Des rues immenses,
où jamais un encombrement ne vous arrête, et que double, pour aller au Wannsee,
une autostrade, vous livrent une ville ouverte, aérée, et dont les immenses monu-

ments publics, même
tout cas inspirés par
du futur et non du
question de casernes,
mand qui avait fait de
tier modèle, avec bi-
et de son propre corps
nation, dit maintenant
mand, c'est une ques-
ce point, Berlin a mé-
lui avait donnée l'Alle-
composé d'individus
leurs gestes, aura aussi,

imparfaits, semblent en
l'architecture modèle
passé. L'armée est une
disait un général alle-
son quartier un quar-
bliothèque et piscines,
un corps d'élite. La
l'homme d'état alle-
tion d'urbanisme. Sur
rité la délégation que
magne. Un peuple
qui ont l'aisance de
tôt ou tard, l'aisance de

sa civilisation. Tout le Berlin nouveau, de Lichterfeld à Grünewald, est une ville de bains sans sources particulières, un port de plaisance sans la mer, mais cette notion de vacances qui est écrasée pour le bourgeois français entre les chaleurs de juillet et les pluies de septembre, s'y épand dans chaque journée, dans chaque heure, et le repos y a trois fois par jour l'agrément de la richesse, du loisir, et — nous sommes en 1930 — d'on ne sait quelle victoire.

*
* *

C'est donc bien par conscience, après avoir goûté cet air nouveau, que j'ai revu les parcs de l'ancienne ville.

Au Jardin Zoologique aussi, ce qui s'appelle la cage au Jardin des Plantes s'appelle la maison. Il y a la maison des petits carnassiers, que son étiquette indique avoir été construite en 1866, après Sadowa, celle des grands carnassiers qui l'a été en 1871, après Sedan, et il serait facile de trouver à la base du Palais des singes ou des oiseaux, quelque concordance politique ou musicale aussi symbolique. Mais les animaux malgré cette flatterie, meurent presque aussi vite à Berlin qu'à Paris. Alors que dans l'Aquarium voisin j'ai retrouvé des salamandres, des carpes et jusqu'à des soles géantes que j'avais vues avant guerre, je n'ai reconnu au Jardin Zoologique que les petites filles et les statues, les premières bien moins nombreuses, car la natalité de Berlin est la plus basse d'Europe, mais portant toujours, dans son expression la plus tendre, cette gaieté et ce blond de Prusse qui sont le charme des rues berlinoises. Les statues ont doublé. La revanche sur les Belges a été obtenue par un Mannkenpiss triplé, car l'eau s'échappe aussi des deux tortues que l'enfant nu porte sous chaque bras. Devant les tigresses, la statue de celui qui connaît le mieux les insectes africains, dans le couloir des oiseaux, celle, bien inattendue et en bois sculpté, de Caliban. Mais tout ce qui m'y

16

attirait y demeure encore. Il y a encore sur les boîtes à bascule des singes, où le public offre des noix ou des oranges, les inscriptions par lesquelles les singes vous indiquent la meilleure méthode pour activer la rotation de la boîte et vous remercient respectueusement. Le jeune rhinocéros a toujours son ballon. Les bois plantés au milieu de la cour des cerfs pour qu'ils se grattent ou broutillent, ont toujours la forme de vrais bois de cerfs. Tous ces animaux qu'on n'a jamais vus qu'uniques ou solitaires, panthère noire, okapis, y sont là par couples; et j'entends à nouveau, je ne l'ai jamais entendu que dans cette enceinte, le cri du gnou. Des pensionnats de petites filles assiègent les cages, avec leur album et leur crayon, où elles dessinent en cubes la tigresse et en lignes souples l'éléphant; et j'ai même la joie, dans la grande volière, de découvrir Simon Bussy, qui, plus heureux que l'oiseau de paradis

et la pie mordorée
autour de lui grâce à
sière colorée, de leur
    Mais la per-
animaux qu'ils ras-
tous les jardins zoo-
blance qui les prive
dire que ce qui me
et pour la première
relever la vertu clas-
singes, ou des oiseaux,

ses modèles, répand
ses pastels, une pous-
couleur.
fection même des
semblent donne à
logiques une ressem-
d'originalité, et je dois
manque aujourd'hui,
fois dans Berlin, pour
sique des fauves, des
ce sont les uniformes,

jadis si fréquents. Ce lieu était le seul ou les lions pouvaient croire que les hommes habituels étaient plus beaux que les dompteurs. Les êtres humains n'y ont plus pour eux désormais, que l'attrait de la chair.

Dans les parcs du vieux Berlin ouvrier, Humboldt Hain, Friedrich Hain, se retrouvent au contraire les plus vieilles couleurs berlinoises, le rose et le blond. Les promeneuses, loin des quartiers d'immigration, ont repris la vraie race de la ville, leurs jambes longues, leur nez court, et la courte chaussette. Les promeneurs sont à nouveau les vieux bourgeois en digestion, ornés de toutes les inventions modernes qui facilitent la promenade, boutons pour suspendre le chapeau, pochette à journal tenant par pression au parapluie, et de tout ce qu'a pu produire en ce genre l'Erfinderschule. Les restes de l'Allemagne idyllique subsistent sous forme de Puits à légendes, de landes et de hautes fougères bordées par les rhododendrons, et d'innombrables bacs à oiseaux supportés par des crapauds ou des lézards de pierre pour que les oiseaux ne se croient pas tenus de rien devoir aux hommes. Sur les bancs, les joueurs de cartes continuent à jouer à cheval, le nombre des femmes en petite voiture continue aussi à y dépasser, — la guerre n'a pas réussi à changer la proportion, — le nombre de petites voitures pour hommes, et le même petit garçon accroupi, vêtu de sa chemise et de son pantalon, y cueille encore dans les endroits défendus les pâquerettes et les boutons d'or. Les nourrices forment rituellement leur triangle fatidique face au ventre vierge de la Diane chasseresse ou à la tête géante de Frédéric le Grand, dont le fait d'être grand semble seul avoir motivé, par antithèse, sa présence parmi tant de petits, tandis qu'un père énorme, endormi par fraude dans le parc au sable des enfants, est escaladé

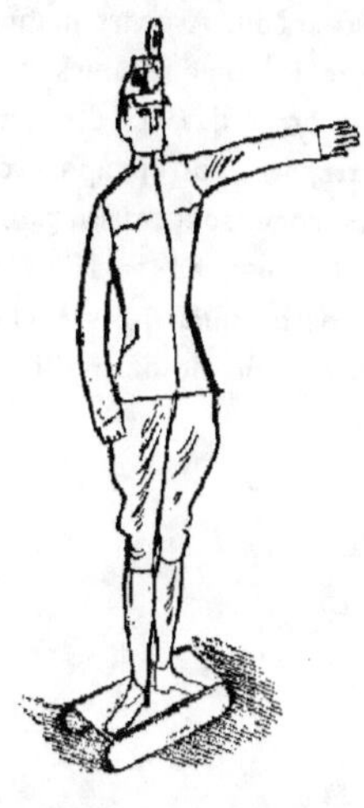

par eux de toutes parts, comme le Tibre. Aux portes, les mêmes marchandes vendent les fleurs et les légumes, que tous les Berlinois savent appartenir, contrairement aux Parisiens, au même monde végétal ; et il est rare qu'un cimetière ne soit pas tout près du jardin public amenant enfin au terme extrême de leur rêverie ou de leur logique les promeneurs adultes. Des cimetières discrets, clos de brique, semés pour les morts des inscriptions inverses à celles que la police affiche dans la rue pour les vivants : Reposez doucement... N'ayez pas peur, nous ne laisserons pas dérober vos fleurs..., tout ce qui peut en

somme régulariser le trafic des morts et les rassurer contre les entreprises des nécrophiles, assez nombreux cet hiver. La haine des voleurs de fleurs surtout s'exprime violemment, par les pancartes accrochées, les tessons cassés qui défendent le haut des murs, et sous les regards sévères des gardiens, je sentais soudain entre mes vêtements et ma chair se presser toutes les roses et tous les seringats des morts. Peu de monuments. Pas d'effigie humaine. La grande stèle de marbre noir reflète par contre le visiteur vivant tout entier, portant sur la face qui domine le défunt la longue inscription officielle de ses titres et vertus, et sur la face muette une brève inscription officieuse, parfois un simple mot, pour signaler au passant, comme un secret caché au mort, qu'il était irremplaçable, inégalable, ou mari sublime. L'emplacement

de chaque tombe est divisé le plus souvent en deux parts ; l'une sur laquelle est le Grabhügel, petite colline oblongue assez haute façonnée de glaise, de gazon et de fleurs, et l'autre où est fiché, face à la petite colline, le banc où la chaise de fer de famille, avec un nom dont je n'ai jamais pu distinguer s'il était celui du mort ou du parent le plus assidu. Avec les innombrables rossignols dans les peupliers et les tilleuls, avec les innombrables vers de Schiller — car pas un vers de ce poète qui ne puisse orner davantage encore un cadavre qu'un corps vivant — gravés sur chaque pierre, avec les épitaphes de petits bourgeois fonctionnaires ou officiers dont tous les noms sont prussiens ou français (car d'immenses cimetières juifs avec coupoles et mausolées, au Nord et à l'Est, font la rafle de tous les noms de professeurs ou de banquiers) ces enclos vous offrent à peu près tout ce qui reste de l'ancienne et paisible vie de Berlin.

Il y a ensuite pour tout Berlinois, ce que l'Amérique elle-même ne peut procurer qu'à quelques Américains privilégiés : la vie physique.

Ce qui surprend le plus à Berlin c'est la joie avec laquelle sont accueillies les saisons et leurs phénomènes. En France, on redoute l'hiver à cause du froid, l'été à cause de la chaleur, et tout ce qu'il peut y avoir d'extrême dans le climat est considéré comme une calamité. La population de Berlin, au contraire, se rue sur le gel et la canicule comme sur le plus rare des plaisirs, car l'hiver amène la neige, le gel et leurs sports, l'été le bain en plein air et toute saison le soleil. Il n'est pas d'itinéraire qui ne mène une fois par jour le Berlinois à un bain ouvert ou couvert, à la nudité, au contact avec l'eau, à la confrontation avec la lumière. Paris est la

patrie du pêcheur à la
riverains de la Seine
que par ses poissons;
consiste surtout, aux
de vers de vase et d'as-
les courbes où dégor-
férées par le gardon,
au soleil du dimanche,
rabattu,qu'un nez qu'ils
douloureux. Jamais il
la municipalité pari-
rives de ses fleuves, et
bords d'un bain muni-
tuit. A part le contin-

ligne; la plupart des
n'ont touché leur rivière
leur amour pour elle
mois licites, à l'asperger
ticots; ils en préfèrent
gent les égouts, pré-
et ils n'offrent guère
sous leur faux panama
ramènent rubescent et
n'est venu à l'idée de
sienne de classer les
de voir en elles les
cipal magnifique et gra-
gent des Parisiens et

Parisiennes adultères, le Français, pour se déshabiller, réclame l'isolement et l'obscurité d'un confessionnal, et la vue de fesses nues ne lui inspire qu'une pensée : aller vers elles sur la pointe des pieds et leur donner plaisamment une paire de gifles. Le but du petit bourgeois et du petit employé parisien semble être seulement, en laissant

son ventre s'arrondir, ses bajoues grossir, de diminuer la proportion de son squelette, sa vraie raison pourtant, par rapport à sa chair. Sa vraie peau est le tissu Rasurel, dans lequel il étreint sa femme, dans lequel naissent ses enfants, et rien ne ressemble plus à l'écorchage d'un lapin, à la recherche d'un insecte, ou à la danse d'un satyre rhumatisant, que la façon dont il enlève ses culottes, dans le contre-jour des falaises d'Étretat, quand un snobisme de quartier le pousse enfin accroupi vers les flots.

Pour le Berlinois, au
soleil sont devenus des
et les brasseries, les
combles de graisse hu-
peu au profit de leur
de la Havel et l'air des
Ce soin du corps
pratiquent en secret,
besogne superstitieuse
allemands ont tout fait

contraire, l'eau et le
aliments nécessaires,
restaurations jadis
maine se vident peu à
concurrence : le sable
pins.
que certains Français
comme si c'était une
et égoïste, les dirigeants
pour lui donner, au

contraire, un aspect de salut public et national. Tous les environs de Berlin ont été organisés pour cette religion. Pas un bois qui ne contienne sa colonie de bains de lumière. Pas un des nombreux lacs que forme la Havel, entre Berlin et Potsdam,

dont la plage ne soit ment et commodément ville. Tous les après- d'été, Berlin se rue vers année, le vieil établis- par quatre édifices mo- collés au ras de la col- par une terrasse de cinq pent les escaliers géants parterres. Trente mille fête, s'installent pour toute découpée à la par les broderies que les innombrables en- fois d'eau, de rivage et seulement le bain qui bain, comme à la Baule la vie étendue. Toutes çons dont l'être humain tête, ouvre ses jambes, aménagée plus large- que la plage de Deau- midi de printemps et Wannsee. Depuis cette sement a été remplacé dèles, de brique jaune, line, coiffés tous quatre cents mètres, que cou- et que débordent les baigneurs, les jours de la journée sur la plage, lisière même des flots creusent dans le sable fants nus, dentelle à la d'enfance. Ce n'est pas les attire, l'heure du ou à Long Island, c'est les innombrables fa- cache sa figure dans la livre ses aisselles, lance

du ras du sol ses regards vers l'intrus qui l'enjambe, tous les croisements chastes opérés entre membres humains, tous les contacts les plus forcés des couleurs humaines rehaussées des plus hardies couleurs livrées par l'aniline, s'offrent là, chaque métier gardant dans son costume de bain ou son slip son geste rituel, le ménage du bistrot

accoudé, la femme légère remuant l'or- teil, une série de reflets indiquant çà et là les monocles et les gens du monde, parfois une tribu de corps exposés à têtes invisibles, dont regardent et respirent les seuls nombrils, chaque épouse monstrueuse ou maigre, s'ou- vrant sans pudeur de son véritable écart, une abondance de chemises blanches à jours et à festons ajourant et festonnant des gorges et des cuisses géantes, les égoïstes se protégeant dans

leur sommeil par un bourrelet de sable, les altruistes vous effleurant d'un mollet velu; autour du phonographe les jeunes filles et les jeunes gens en caleçon formant une étoile de mer immobile, mais qui scande la musique des talons relevés; ceux qui mangent les saucisses, au contraire, les pieds réunis vers le panier du centre, cependant que les adolescents parcourent ces hectares de chair en sautant comme des parasites, et que s'élève à chaque minute, production parfaite de cet amas, vouée par sa naissance même à la disparition dans le lac, un modèle de corps humain qui gravit la planche et qui plonge.

Chaque race reforme naturellement un des tableaux idylliques de l'humanité. Au Maroc, la campagne est semée de fuites en Egypte. Dans le village français, c'est Joseph le menuisier et son enfant. En Allemagne, et surtout dans cette vie des lacs et des forêts, c'est Adam et Ève. Ils sont là tous deux, sous toutes leurs formes, sous toutes leurs vraies formes; pas un repli de chair, des poils défaits, frisés ou ondulés, des genoux couleur pêche ou couleur brugnon, des coudes coiffés de cal ou de rose, prêtés par Cranach, Dürer ou Boecklin au couple primitif, qu'il ne soit donné de retrouver cent fois par heure sur ces plages. Je sais maintenant ce que faisaient Adam et Ève: ils mangeaient, ils s'étendaient, ils s'accroupissaient, ils dormaient. Ils ne lisaient pas, car il est rare qu'un livre apparaisse entre tant de mains nues et oisives, et la jeune femme qui lit accoudée, son roman protégé du soleil par le peignoir, a l'air de trahir et de boire à une source d'ombre. On n'a même plus recours aux journaux pour protéger les têtes, comme dans les bains publics où, voilà cinq ou six ans encore, les corps tannés retirés de l'eau et du temps, vous offraient comme visage un carré de papier pâle criblé de toutes les nouvelles du jour. Les visages aussi, avec les nez, joues, langues et oreilles, sont donnés maintenant au soleil qui tire de chacun sa grimace suprême. Parfois une ondée; personne

24

ne bouge, et il éclot seulement, çà et là, un parasol de papier chinois, ou, unique revanche de l'antique Allemagne, une ombrelle de soie rouge bordée de losanges mauves, eux-mêmes dentelés de jaune.

L'esprit théorique allemand n'eût pas mérité sa gloire s'il n'était passé de cette passion de nudité au nu complet. Wannsee n'est que l'antichambre des colonies où tout maillot est proscrit. Elles sont nombreuses. Elles recrutent avec le zèle des sociétés militaires d'autrefois, et vous donnent une carte d'adhérent dont la teneur semble copiée sur les cartes des gymnastes d'avant guerre, vous « enrôlant dans les cohortes de la lumière ». Leurs journaux illustrés tapissent tous les kiosques de la ville, exposant en première page, pour que le sentiment familial berlinois en soit gagné, les photographies nues de la mère et de sa grande fille, du frère et de ses cinq sœurs. Lichterfeld, dans

Berlin même, compte particulièrement réser- guignol et brasserie — sous ses rideaux, est colonies sont distri- à ces distances types libéré de la ville, à la cathédrales de pro- déjà plusieurs enclos, vés aux familles, avec la dame du guignol, nue — mais les vraies buées dans les environs, où le citadin se sent hauteur des premières vince, vers Zossen ou

vers Fürstenberg. Là plus de démonstration, plus de propagande. On ne vous y montre pas, comme à Lichterfeld, les plus belles scènes de l'antiquité telles qu'elles furent, le rapt des Sabines, le combat des Horaces, ou ce qu'auraient été, dans la nudité, les plus belles scènes de l'histoire du monde, Napoléon à Weimar, sainte Thérèse dans son couvent. On n'y mime pas, comme à Klein Wannsee, les plus beaux vers de Gœthe : « Elle le tira à demi à lui ; il tomba à demi vers elle ; c'en était fait de lui », ou dans Hermann et Dorothée : « Il éleva l'aimée, elle tomba doucement sur ses épaules », de façon à bien prouver aux adeptes que la nudité est la pensée dernière du poète et que ses idées-forces sont bien des êtres nus, — toutes scènes troublées parfois par

l'irruption d'oiseaux ou de chiens-loups, terriblement habillés. Dans les grands domaines semés de landes et de lacs, ce n'est plus, au contraire, qu'une paraphrase

des tableaux de Hans von Morées, de nageurs et de nageuses, de femmes nues sur

cheval sans brides, de
longs repos en com-
se déplaçant tous, par
ment, suivant le mouve-
maître. La vie oisive va
tous les attirails de civi-
serie, fers électriques
aiguille dont s'encom-
Lichterfeld; et la pres-
bretelles, des lacets,
aussi dans ces régions.
mais il arrive quelque-
jeux de foot-ball et de
mun, les corps brunis
habitude, insensible-
ment du soleil, leur seul
mieux à la nudité que
lisation: paniers à tapis-
à repasser, et travaux à
brent les dames de
sion des jarretelles, des
laisse moins de trace
Rarement la beauté,
fois que toutes les mal-

façons particulières: boutons, eczéma, grains et callosités, deviennent invisibles au

bénéfice d'une beauté générale de la secte, et qu'on imagine une race blanche
atteignant enfin à la perfection naturelle de la race noire; privés de coton, de la laine

et de la soie, tous ces corps sont bien obligés de se vêtir de calme, de tranquillité, de mutisme ; lorsque tous les couples, déposés par l'auto-car, qui ont gravi, habillés et agités, le chemin de la forêt où sont leurs tentes, redescendent

nus vers le lac, ils semblent seulement avoir renoncé à leurs brouilles et à leurs tics, et l'atmosphère aussi est purifiée, car elle ne résonne plus, pour la première fois dans les âges modernes, de toux, de crachats et d'éternuements.

*
**

Telle est la mission du Berlin nouveau, que masque encore la parade savamment offerte, mais d'ailleurs bien vieillie, de sa vie intellectuelle et artistique : la

culture d'un bacille humain tout spécialement résistant et provisoirement amoral. S'il doit servir de vaccin, s'il doit être, au contraire, un jour, poussé à la virulence, c'est une question réservée, mais j'ai scrupule à vous décrire la représentation du Christophe Colomb de Claudel ou de l'Iphigénie en Tauride, lorsque je ne peux m'empêcher de voir à travers ces somptueux transparents du théâtre allemand, sur les-quels des hommes particu-lièrement vêtus sont poussés

par la moindre parole et la moindre pensée à des gesticulations et des résolutions
frénétiques, les corps nus des Berlinois étendus par centaines de milliers dans les
jardins ou sur les plages, immobiles, volontairement sourds à tout ce qui
n'est pas le soleil, et qui semblent, profitant de cet oubli par
lequel ils furent saisis voilà douze ans, faire un stage
de force et de santé dans un autre univers.

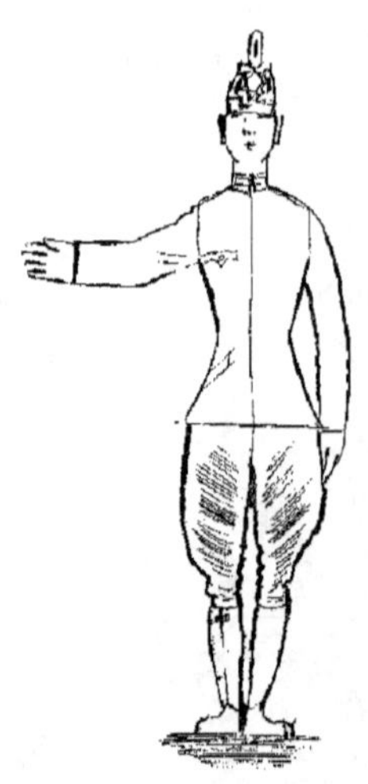

Le texte de "Rues et Visages de Berlin"
a été écrit par Jean GIRAUDOUX, au cours
d'un voyage à Berlin, entrepris spécialement
en Mai 1930. Le présent volume in-folio,
publié par "Les Éditions de la Roseraie",
57 bis, boulevard Rochechouart, à Paris, le
2 Octobre 1930, en constitue, et nul autre, la
véritable édition originale.

TABLE DES GRAVURES

Les exemplaires sur Japon contiennent
trois planches supplémentaires.

À

Ce

livre,

Rues et

Visages de

Berlin,

de Jean

Giraudoux,

le douzième réalisé par les Editions de la Roseraie,

sous la direction artistique d'Edouard Chimot, a été illustré

de dix-huit eaux-fortes en couleurs et de nombreux dessins in-texte

par Chas-Laborde. Il a été tiré à cent quarante-et-un exemplaires, savoir :

un exemplaire sur japon nacré à la forme contenant les eaux-fortes dans leurs

trois états, trois eaux-fortes supplémentaires dans leurs trois états, les originaux

de tous les dessins, l'original d'une planche, trois dessins inédits et une épreuve

de report rehaussée à la main : il a été dénommé exemplaire unique ; Dix exem-

plaires sur japon nacré à la forme contenant les eaux-fortes dans leurs trois états,

trois planches hors commerce en leurs trois états, et un dessin original de l'artiste,

numérotés de un à dix ; Quarante exemplaires sur Japon Impérial, contenant

les eaux-fortes en deux états, trois planches hors commerce en deux états

et un croquis original de l'artiste, numérotés de onze à cinquante ; Quatre-

vingt-dix exemplaires sur vélin d'Arches, contenant les eaux-fortes en

deux états, numérotés de cinquante-et-un à cent quarante. Il a été tiré en

outre quinze exemplaires sur différents papiers réservés à l'artiste, l'auteur et

l'éditeur, dénommés: exemplaires d'artistes. Rues et Visages de Berlin a été achevé

d'imprimer pour le texte, sur les presses de l'imprimerie Frazier-Soye, le trente octobre

mil neuf cent trente, et pour les eaux-fortes par les ateliers en taille-douce de Roger

Lacourrière

à Paris.

ke
Schlächtermeister
FRISEUR
HERREN   DAMEN
FRISEUR
DAMENSALON
SEPARAT
KONDITOREI U. KAFFE

Schlächtermeist
FRISEUR
DAMEN SALON SEPARAT
KONDITOREI U. KAFFEE

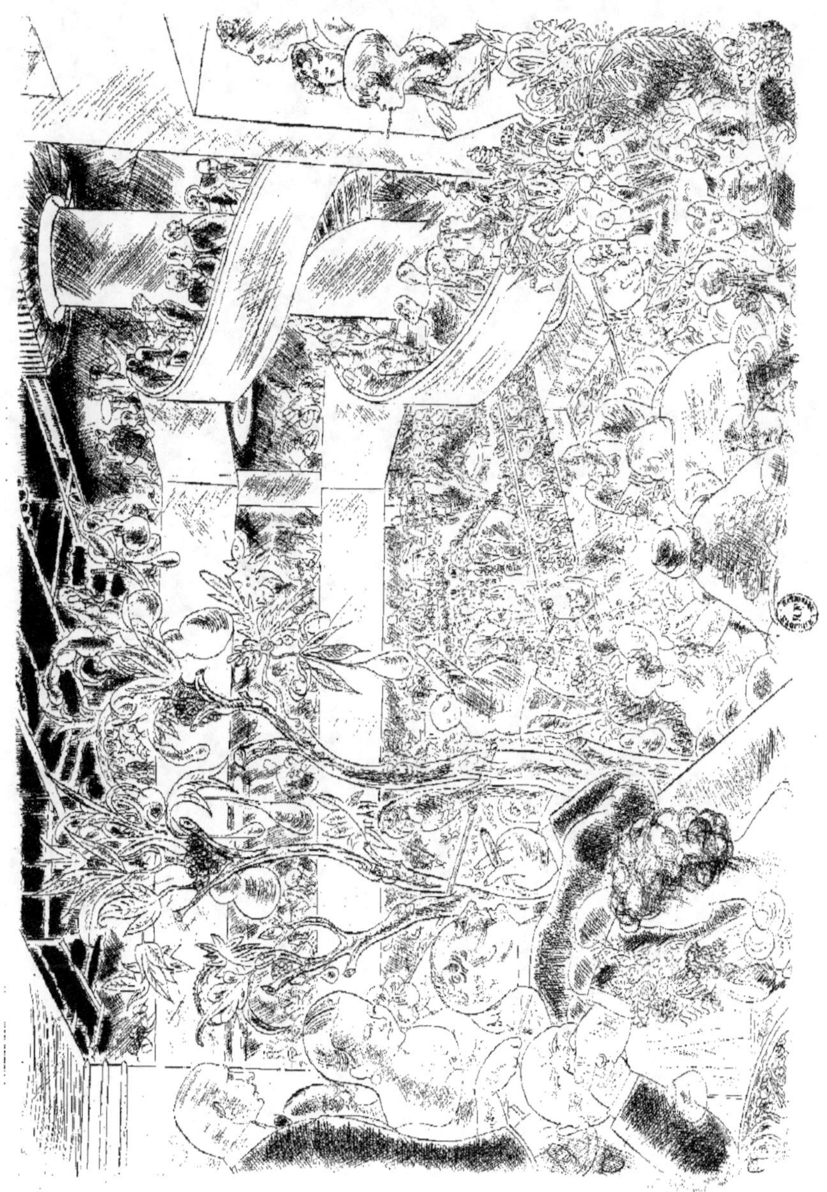

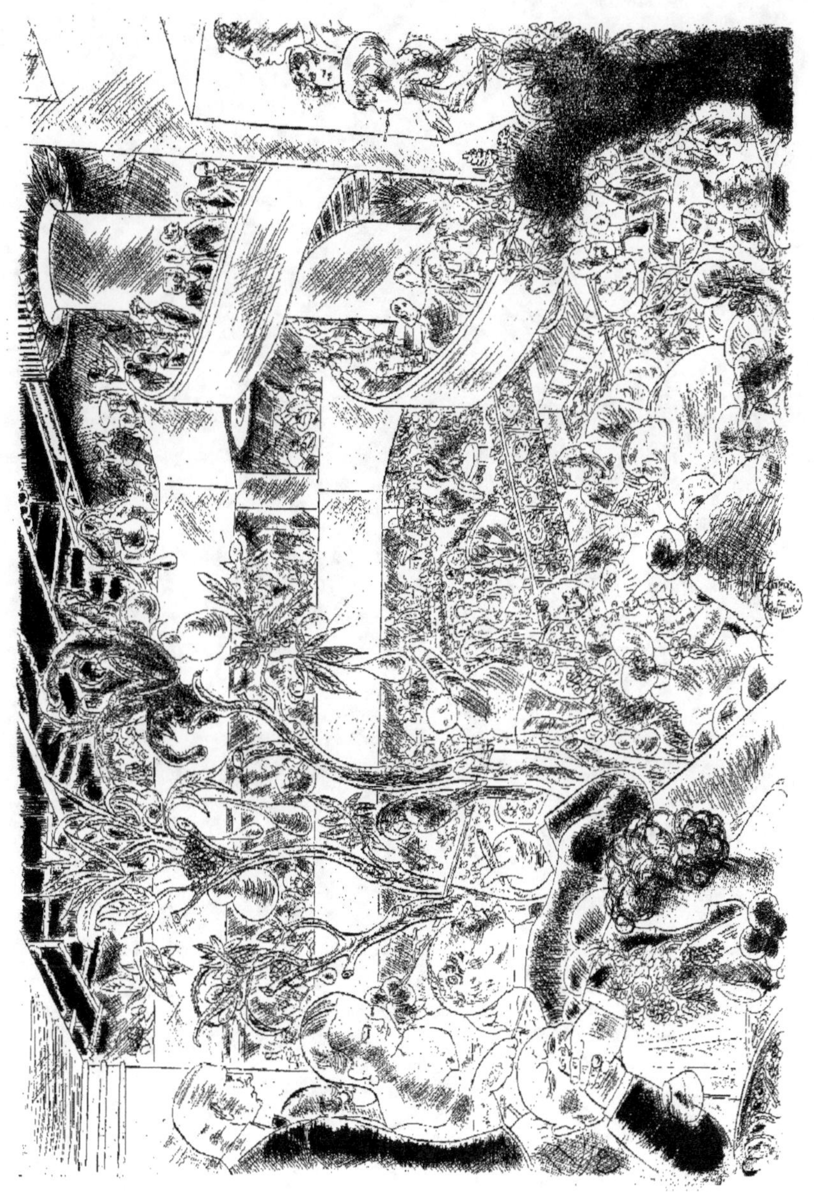

CONDITOREI · WIEN

CONDITOREI WIEN

LIKÖR
BENZ
MERCEDES
BEROLINA

LIKÖR
BENZ
MERCEDES
BEROLINA

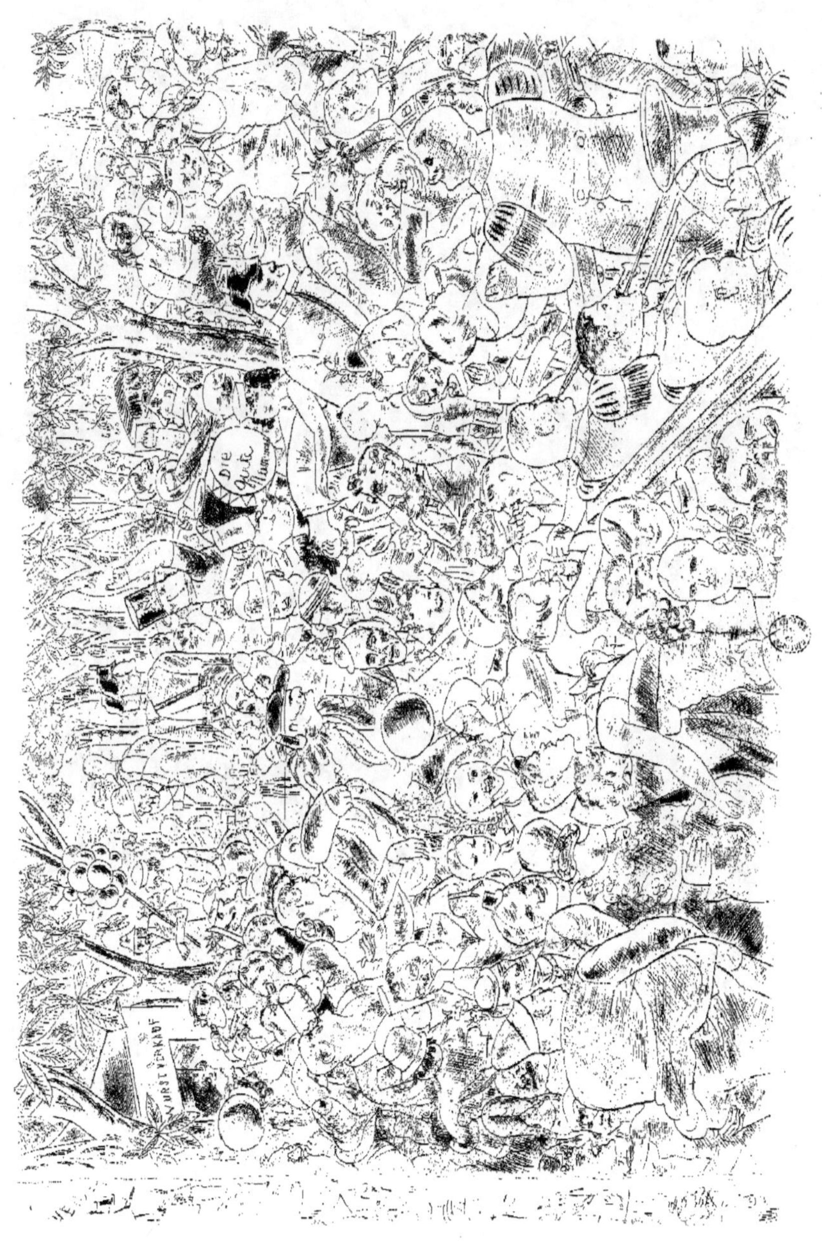
Die Quelle
WURST VERKAUF

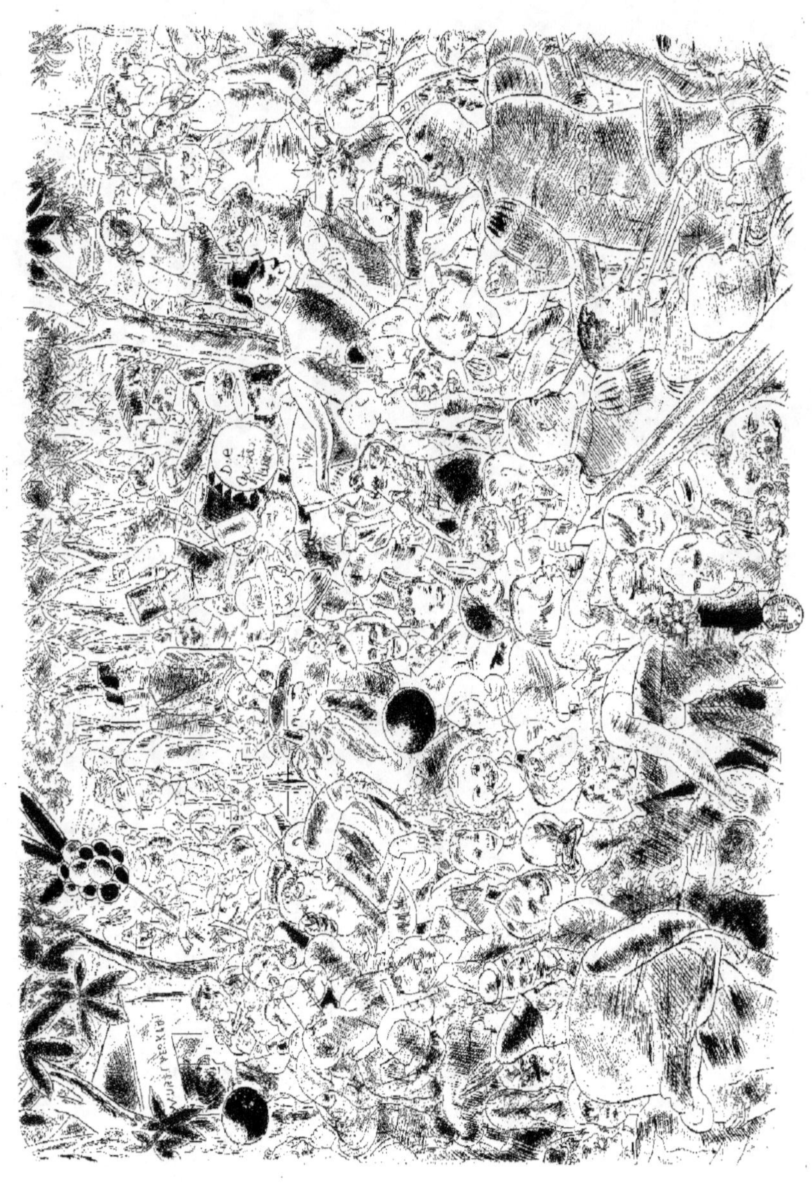

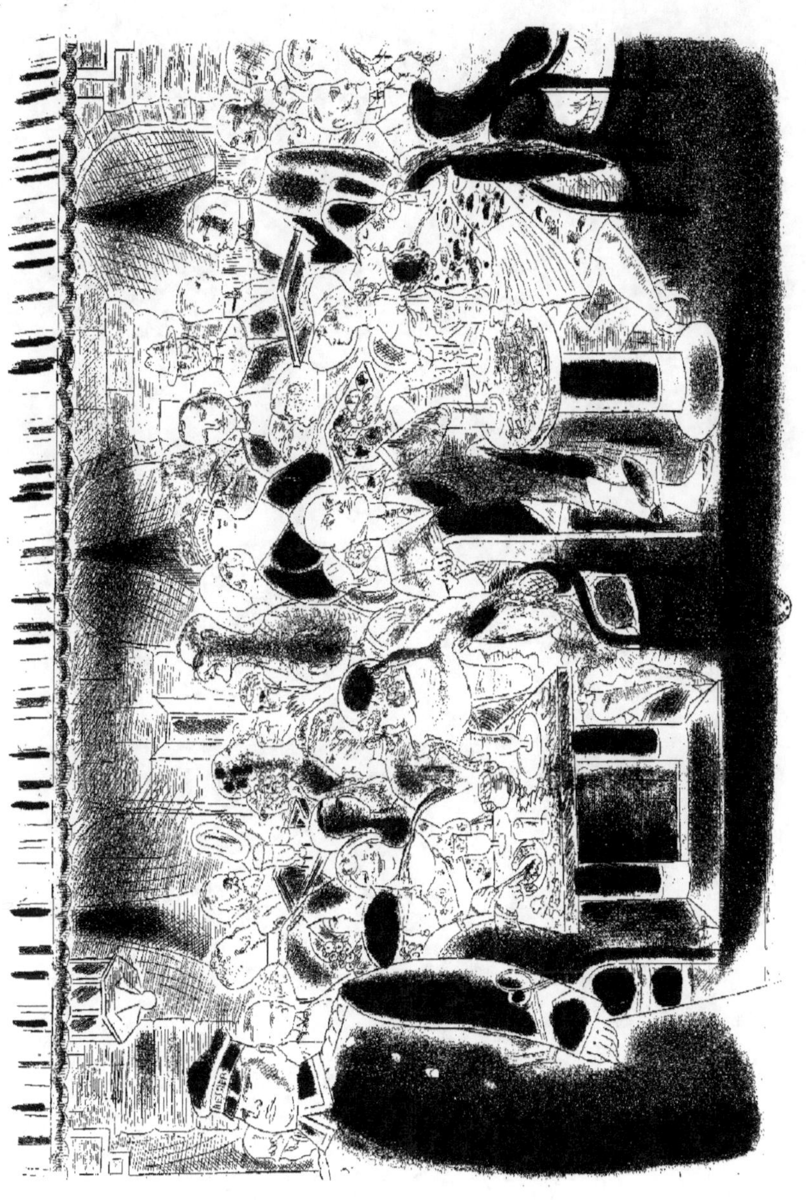

PERSIL

PERSIL

Schwimmer
Nichtschwimmer

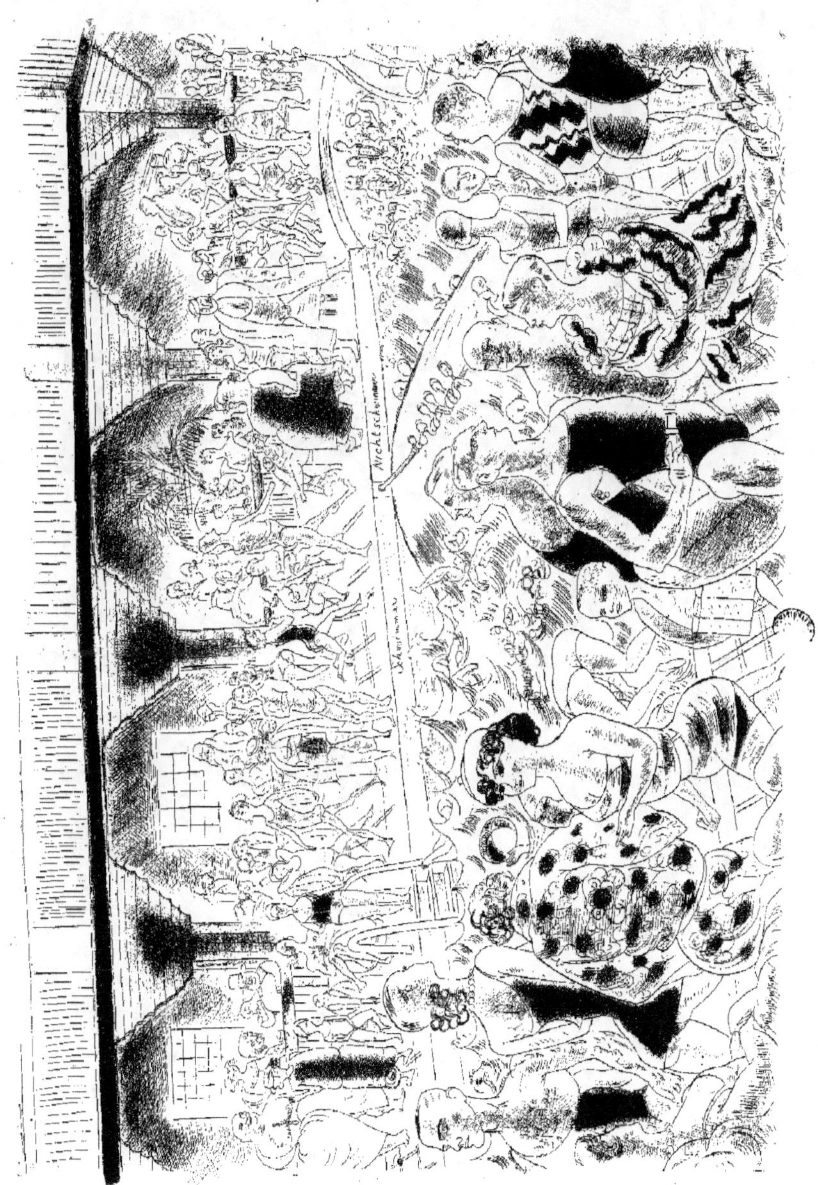

HALENSEE
Germ
MET CI

HALENSEE
MEYER
JOSHI

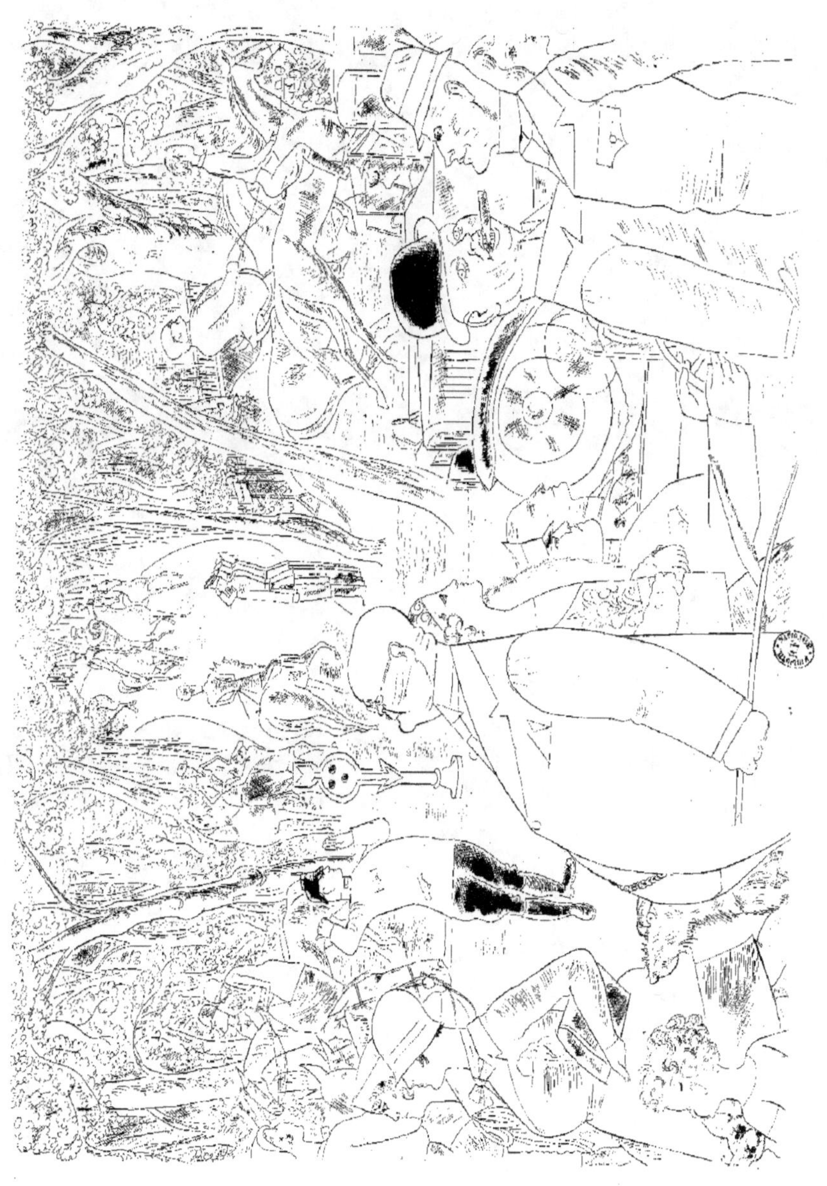

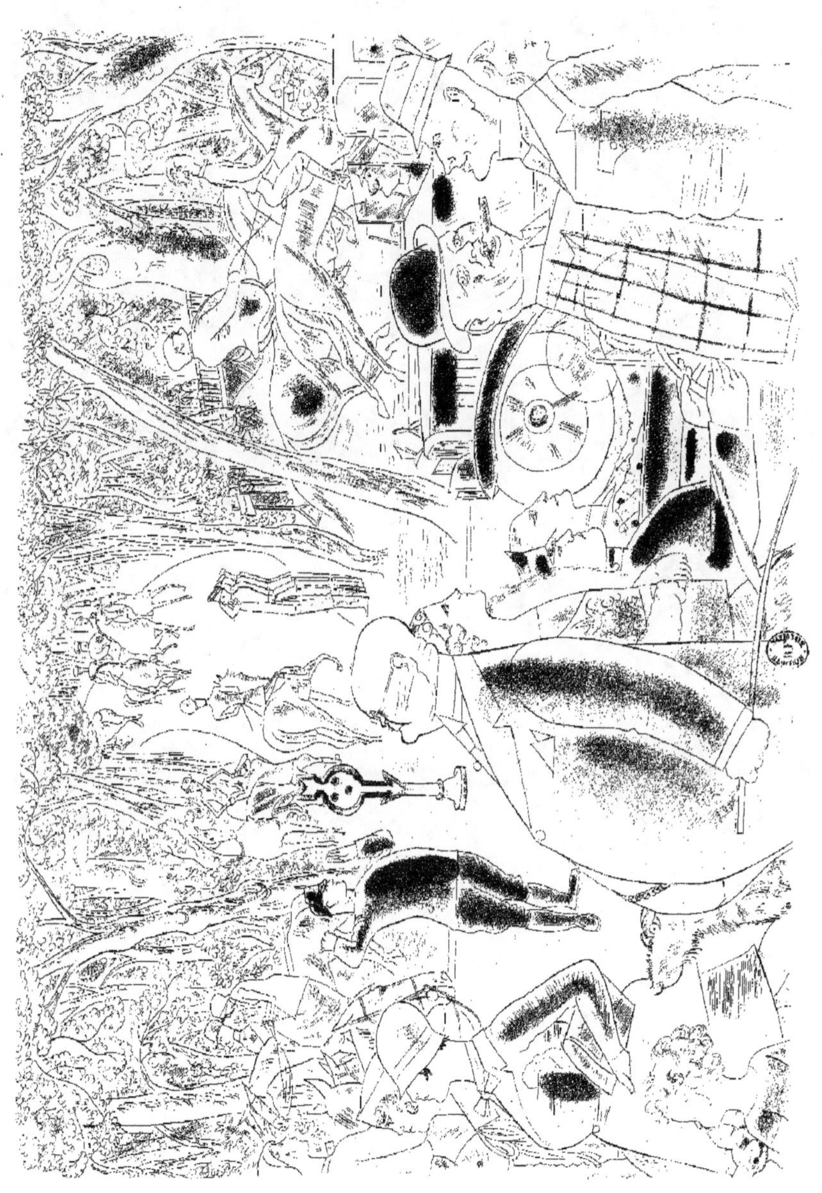

ONDITOREI-CA

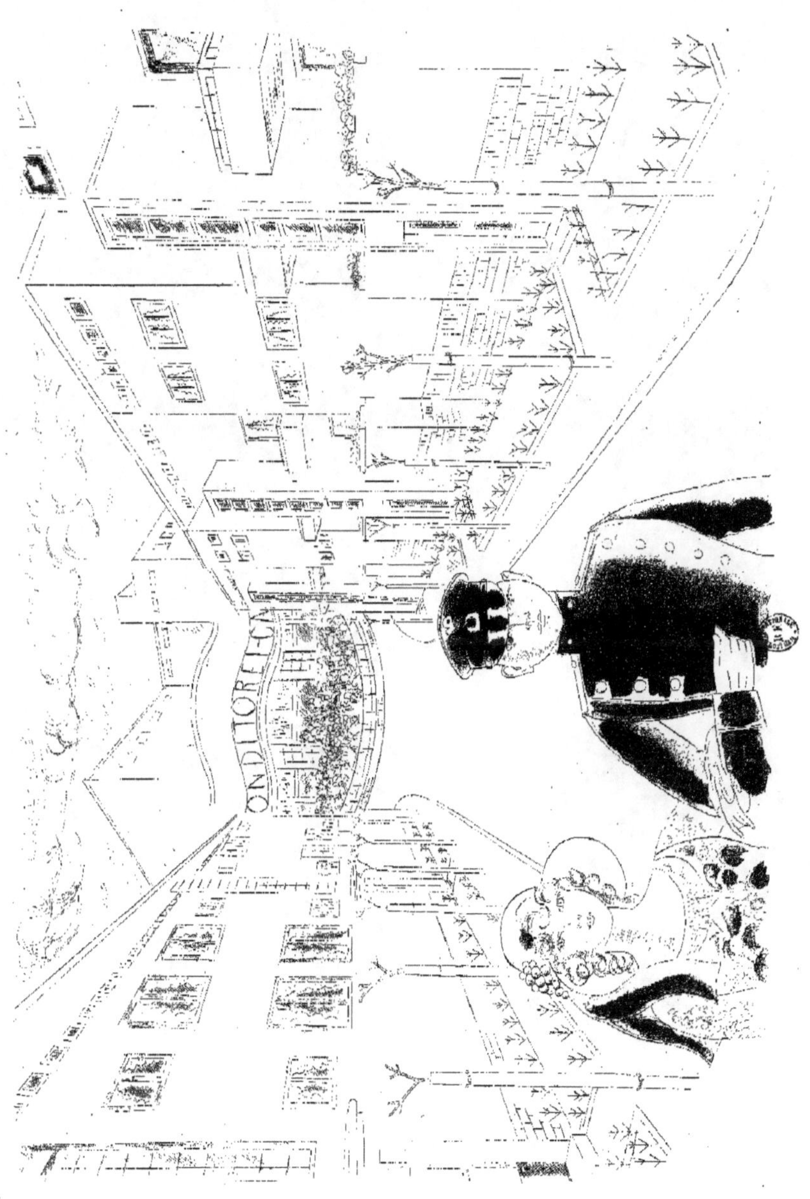

PAUL NEUMANN

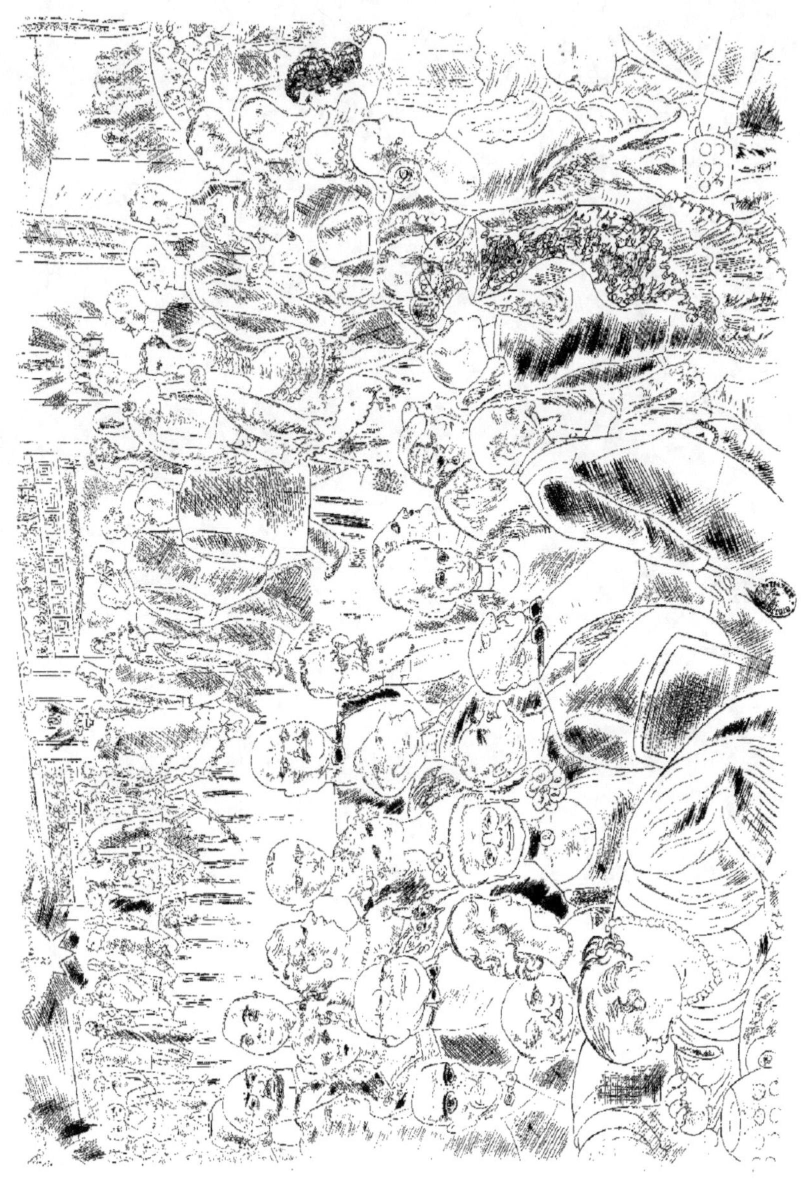

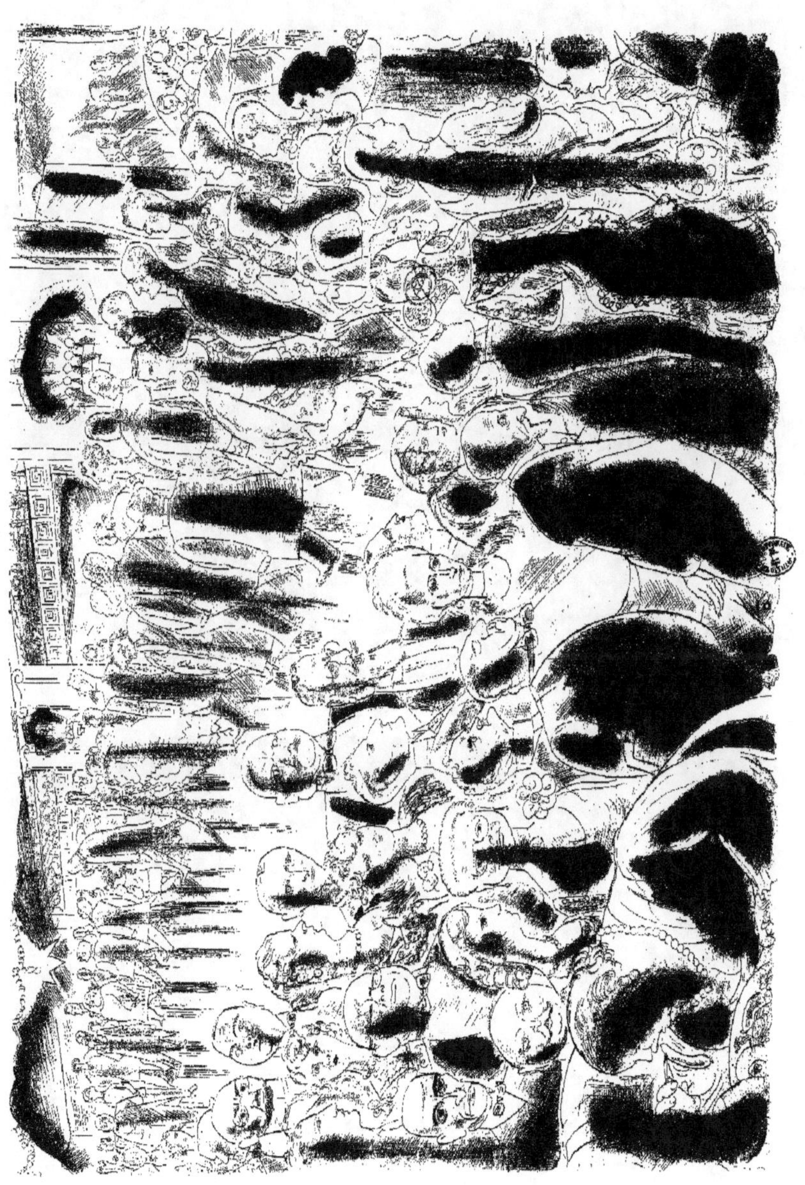

U
Kaffee
Wintergarten